F 2795
Annéé.

12747

STATUTS
ET REGLEMENS

DE LA COMMUNAUTÉ

DES

MAISTRES

AMIDONNIERS-CRETONNIERS

DE LA VILLE ET FAUBOURGS DE PARIS.

Enregiſtrés au Parlement le 12 Janvier 1746.

A PARIS,

Chez LE BRETON, petit-fils D'HOURY, Libraire, & Imprimeur ordinaire
du Roi, rue de la Harpe, au Saint-Eſprit.

M. D. CC. XLVI.

STATUTS

ET REGLEMENS,

Que les Amidonniers-Cretonniers de la Ville & Faubourgs de Paris, supplient très-humblement Sa Majesté de vouloir bien leur accorder, & de les revêtir de toute son autorité, pour être, dès à présent & à l'avenir, exécutés par tous les Maîtres qui doivent composer leur Communauté, & qui y seront reçus, & ausquels chacun d'eux sera entierement soumis.

ARTICLE I.

 A Communauté des Amidonniers-Cretonniers sera & demeurera composée de quatre Jurés, & de tous ceux qui seront admis dans la suite à la Maîtrise. Les Jurés seront deux ans en charge.

II.

Il se fera tous les ans élection de deux Jurés, qui

A

feront pris du nombre des Anciens, à la pluralité des voix, pour entrer en charge avec les deux Jurés qui refteront ; & l'élection s'en fera tous les ans, le cinq Juillet lendemain de la Tranflation de S. Martin, fous la protection duquel les Amidonniers-Cretonniers fe foumettent.

III.

L'élection des Jurés fe fera devant M. le Procureur du Roy du Châtelet, en l'Hôtel duquel tous les Maîtres de la Communauté fe trouveront, & y feront convoqués de fon Ordonnance, pour procéder à ladite élection, à peine de trois livres d'amende applicable à la Communauté, hors le cas de maladie, ou autres légitimes empêchemens.

IV.

Aucun fils de Maître ne pourra être élû Juré, qu'à-près fix années de profeffion actuelle, & les Maîtres par chef-d'œuvre, après dix ans d'établiffement.

V.

Perfonne ne pourra être admis à la Maîtrife, qu'il ne foit de la Religion Catholique, Apoftolique, & Romaine, & de bonne vie & mœurs ; qu'il n'ait fait apprentiffage pendant trois ans chez un Maître, & qu'il n'ait fervi les Maîtres après fon apprentiffage pendant deux ans, & fans avoir fait chef-d'œuvre, à peine de nullité de fa reception : le chef-d'œuvre fe fera en préfence des Jurés, de deux Anciens, & de deux Modernes, à chacun defquels fera donné par l'Afpirant, deux jettons d'argent du poids de deux gros.

V I.

Aucun Maître Amidonnier-Cretonnier ne pourra avoir plus d'un Apprentif, qui fera obligé devant Notaire, en préfence des Jurés, & dont le brevet fera regiftré fur le livre de la Communauté, dans la quinzaine, en payant par l'Apprentif la fomme de douze livres à la Communauté, non compris les droits de l'Hôpital, ou autres qui feroient ordonnés.

V I I.

Si pendant le tems de l'apprentiffage le Maître venoit à décéder, l'Apprentif achevera fon tems chez un autre Maître, chez lequel la veuve du Maître décédé le placera, de l'agrément des Jurés qui feront chargés de ce foin, dans le cas où le Maître feroit décédé fans laiffer de femme.

V I I I.

Lorfqu'un Apprentif aura fait fon tems, & fervi les Maîtres pendant deux ans, ce qu'il fera tenu de faire connoître par fon brevet quittancé, & par le certificat de fes fervices, & qu'il voudra être admis à la Maîtrife, il fe retirera devers les Jurés, qui le propoferont dans une affemblée, pour être agréé & admis au chef-d'œuvre; & il fera reçû s'il eft jugé capable, en payant à la Communauté, ès mains du Juré Comptable, la fomme de trois cens livres, non compris les frais ordinaires de reception, comme Lettres de Maîtrife, & autres droits accoutumés en pareil cas.

A ij

I X.

L'Aſpirant fera pour chef-d'œuvre environ un cent d'Amidon parfait, chez l'un des Jurés ; lequel Amidon tournera au profit de la Communauté.

X

Le plus Ancien des Jurés fera toujours Comptable, & fera chargé des fonds de la Communauté, provenant tant des receptions de Maîtres, Apprentifs, viſites, ou autrement, dont il fera tenu de rendre compte, trois mois au plus tard après ſa ſortie de Jurande, en préſence de la Communauté qui arrêtera ſon compte, dont le double avec les pieces juſtificatives fera remis, après avoir été ſigné, dans le coffre ou armoire de la Communauté ; auquel coffre ou armoire il y aura deux clefs, dont l'une fera miſe ès mains du ſieur Doyen, & l'autre en celles du Juré Comptable.

X I

Les aſſemblées feront convoquées, quand elles feront jugées néceſſaires par les Jurés, pour les affaires de la Communauté, dans le Bureau à ce deſtiné, où les Maîtres ſe trouveront exactement ; & ce qui y fera délibéré au nombre de dix au moins, vaudra comme ſi toute la Communauté s'y étoit trouvée.

X I I.

A l'égard des fils de Maître, ils feront reçus Maîtres ſans faire de chef-d'œuvre, en payant ſeulement la ſomme de cent livres à la Communauté, non compris les frais ordinaires de reception , fans qu'ils puiſſent s'établir qu'à l'âge de dix-huit ans.

XIII.

Les Jurés feront tenus de faire quatre viſites au moins par an, chez tous les Maîtres de la Communauté, même dans les lieux privilegiés, pour voir ſi tout eſt en regle dans la fabrique, & s'il n'y a point de contravention ; & en cas qu'ils trouvent des marchandiſes défeſtueuſes , mal fabriquées , ou autrement, ils les faiſiront, & en feront le rapport à M. le Lieutenant Général de Police, pour y être pourvû, & prononcé telle amende qu'il jugera à propos, ſuivant l'exigence des cas : fera payé pour droit de viſite quinze ſols , dont un tiers aux Jurés, & les deux autres tiers au profit de la Communauté.

XIV.

Il ne ſera permis à aucun Maître ou Veuve de la Communauté, de prêter ſon nom, direſtement ou indireſtement, à qui que ce ſoit, pour faire le Commerce de l'Amidon, ou Creton, ni de s'aſſocier avec aucun Maître ou Veuve des Communautés employans l'Amidon, même de les retirer & loger dans leurs maiſons, ſous quelque prétexte que ce puiſſe être, à peine de confiſcation des marchandiſes en cas de contravention, & de cent livres d'amende au profit de la Communauté plaignante.

XV.

Il ne ſera permis à aucun Maître, ou Veuve de la

Communauté, de débaucher les Compagnons des uns & des autres, ni de les prendre fans un congé & confentement par écrit du Maître qu'il quittera, & d'où il fortira, à moins que le Compagnon n'eût été abfent pendant fix mois, à peine de cinquante livres d'amende applicable comme deffus, & payable folidairement par le Maître & le Compagnon.

XVI.

Les Veuves ne pourront jouir de l'effet de la Maîtrife dudit commerce d'Amidons & Cretons, qu'autant qu'elles refteront en viduité, & fe conduiront fagement ; & au cas néanmoins qu'elles vouluffent fe remarier, celui qu'elles épouferont fera reçû Maître, en faifant par lui le chef-d'œuvre ordinaire, & payera à la Communauté la fomme de cent cinquante livres, en faifant outre cela, les frais ordinaires de reception.

XVII.

Les Veuves ne pourront faire, ni obliger aucun Apprentif, mais fe ferviront feulement de Compagnons ; au cas néanmoins que l'Apprentif fait par leur défunt mari, n'eût plus qu'une année à faire pour achever fon tems, elles pourront le garder ; & il y achevera fon tems, fans déroger à l'Article VII. s'il reftoit un plus long tems à achever.

XVIII.

Tous Maîtres de la Communauté feront tenus de bien façonner & fabriquer les Amidons, qui feront faits des recoupettes & recoupes de bon bled, qui

font les iffues des farines employées par les Boulan-
gers, defquels les Amidonniers les achettent.

XIX.

Les recoupettes & recoupes feront mifes en levain
très-proprement, pendant l'efpace de trois femaines,
dans des eaux pures, nettes & claires, afin que les le-
vains foient très-propres, & que les Amidons foient
de meilleure qualité.

XX.

Les Maîtres Amidonniers auront une grande attention pour féparer les fons d'avec l'Amidon, & les iffues
de l'Amidon avec les fas de crin : cette opération fe
fera pareillement avec des eaux bien claires, pour
que l'Amidon en foit plus purifié.

XXI.

Trois jours après cette opération, les Maîtres Amidonniers rafraîchiront d'une eau nouvelle & propre,
les Amidons dans les tonneaux, dans lefquels les Amidons auront été féparés avec eaux claires.

XXII.

Après que l'Amidon aura été bien & dûment pur-
gé & clarifié par les travaux des Articles précédens, il
fera paffé enfin dans un tamis de foye fine, fans fond, ni
fans couvercle, ouvert des deux côtés, avec de l'eau
bien claire, pour lui donner par-là plus de perfection.

XXIII.

L'Amidon fera levé après un tems convenable &

à propos, pour le mettre enfuite aux effuis , & en con-
fommer la fabrication.

XXIV.

L'Amidon fera ratiffé bien proprement aux effuis ,
pour le mettre enfuite fécher fur les fours , ou étuves,
afin de le rendre plus propre à l'ufage des Marchands
Gantiers-Parfumeurs, qui en font le plus de confom-
mation : les ratiffures feront féparées d'avec le cœur
de l'Amidon fin , pour être mifes avec l'Amidon com-
mun.

XXV.

Le gros Amidon fera cuit dans les fours des Amidonniers bien à propos, afin qu'il foit plus propre aux
Marchands Epiciers-Confifeurs qui l'employent ordinairement, aux Maîtres Chandeliers, aux Teinturiers du
grand & bon teint , & aux Blanchiffeurs de toile pour
les Gazes ; on le laiffera 48 heures au four.

XXVI.

L'Amidon fera retiré du four avec les manes où on
le met ordinairement, pour le transférer de-là aux effuis , où il reftera huit jours, ou environ, pour lui
donner toute la qualité néceffaire.

XXVII.

Les Amidons venans du Pays étranger ou des Pro-
vinces du Royaume , feront vendus en la maniere or-
naire , & achetés par ceux qui font en droit de les faire venir.

XXVIII.

XXVIII.

Il ne fera permis à aucun Maître de la Communauté, ni à tous autres Privilégiés, d'achetter des bleds défectueux & gâtés, fi le Marchand qui les voudra vendre n'en a la permiffion par écrit, foit par des ordres d'en haut, foit de MM. les Magiftrats de Police, fous les peines de droit.

XXIX.

L'Amidon provenant des bleds défectueux & gâtés, fera fabriqué avec la méme précaution, attendu qu'il eft néceffaire aux Cartiers, Cartonniers, Relieurs, Enlumineurs, Coleurs de papier, Afficheurs, & autres qui font dans l'ufage de s'en fervir.

XXX.

Les Maîtres auront une grande attention, que les trempis ou ateliers dans lefquels ils travaillent à la fabrication des Amidons, foient extrêmement propres, afin que l'Amidon foit plus pur & mieux façonné; ce qui eft d'autant plus effentiel, que l'Amidon vendu par eux aux Epiciers-Confifeurs, & aux Marchands Apoticaires, entre dans le corps humain.

XXXI.

Pourront les Amidonniers vendre les iffues de leurs matieres, avec lefquelles ils auront fabriqué l'Amidon, à qui bon leur femblera, pour en engraiffer des beftiaux, qui font d'un grand fecours, & mettent l'abondance dans Paris.

B

XXXII.

Il sera fait défenses à toutes personnes, de quelque qualité & condition qu'elles puissent être, Privilégiés ou non Privilégiés, autres que les Maîtres Amidonniers, defaire & fabriquer à Paris, dans les Faubourgs & Banlieue, & lieux de Privilége, des Amidons, à peine de confiscation desdits Amidons au profit de la Communauté, & de 1500 livres d'amende, dont un tiers au profit de Sa Majesté, un tiers au profit de l'Hôtel-Dieu, & l'autre tiers pour la Communauté.

XXXIII.

Les Maîtres Amidonniers vendront les Amidons seulement brutes & en grains, sortant de leur propre fabrique, & non d'autres, & non en poudre, sans pouvoir avoir aucun outil ou ustencile propre à réduire l'Amidon en poudre, sous quelque prétexte que ce puisse être : sans que le présent Article puisse préjudicier au droit qu'ont les Marchands Epiciers, d'achetter dans Paris & de vendre dans leurs Magazins ou Boutiques, tant en gros qu'en détail, toutes sortes d'Amidons, de telles fabriques qu'ils puissent être ; comme aussi au droit qu'ils ont d'en faire venir, tant du dedans, que du dehors du Royaume, & de les vendre & distribuer en gros & en détail.

XXXIV.

Les Amidonniers feront seuls la fonte des suifs, boulées, & suifs bruns provenans des cretons des Bouchers, de qui ils continueront de les achetter, pour en faire la préparation néceſſaire à l'uſage des Corroyeurs, Hongroyeurs , & autres qui employent ces ſortes de ſuifs noirs , & qui les achettent des Amidonniers-Cretonniers.

X X X V.

Aucun Maître ne travaillera les Dimanches, & Fêtes ordonnées par l'Egliſe, à peine d'amende.

X X X VI.

Les deux Anciens Jurés ſeront Maîtres de Confrérie ; & ſera payé pour droit de Confrérie par chacun Maître, trente ſols par an, pour être employés à la célébration du ſervice Divin, qui ſera célébré le jour de la Tranſlation de Saint Martin, le quatre Juillet, & à la Meſſe qui ſera dite pour les défunts le lendemain.

X X X V I I.

Tous ceux qui fabriquent de l'Amidon actuellement, ſeront admis dans la Communauté, & ſeront tenus de ſe préſenter dans un mois, du jour de l'homologation des préſens Statuts ; paſſé lequel tems, ils n'y ſeront plus admis, qu'en faiſant chef-d'œuvre, & payant les droits mentionnés ès Articles concernant la reception.

X X X V I I I.

Tous les Maîtres de la Communauté, tant préſens qu'à venir, ſeront ſoumis aux préſens Statuts, qu'ils exécuteront fidellement ; & en cas de contravention, il ſera procédé contre les contrevenans ſuivant l'exigence des cas, par-devant M. le Lieutenant Général de Police, devant lequel toutes les contestations concernant ledit commerce, seront portées.

X X X I X.

Ne pourront lesdits Amidonniers-Cretonniers, s'établir & lever ouvroir de leur Métier dans l'intérieur de la Ville de Paris, sous quelque prétexte que ce puisse être ; mais seulement dans les Faubourgs d'icelle, aux lieux où il y aura facilité pour l'écoulement des eaux, & en prenant par eux la permission du Sr Lieutenant Général de Police, avant de former leur établissement.

✳✳✳✳✳✳✳✳✳✳✳✳✳✳✳✳✳✳✳✳✳✳✳✳✳✳✳

LOUIS PAR LA GRACE DE DIEU, Roy de France et de Navarre, A tous présens & à venir, Salut. Les Amidonniers-Cretonniers de notre bonne Ville & Faubourgs de Paris, nous ont fait exposer que dans la vûe de parvenir à la perfection & bonté de l'Amidon, qui s'employe par les Marchands Epiciers, les Confiseurs, les Gantiers-Parfumeurs, les Teinturiers du grand teint, & les Chandeliers, & maintenir l'ordre & la police parmi eux, ils ont dressé un projet de Statuts & Réglemens, composés de trente - neuf Articles ; lesquels nous ayant été présentés, & communiqués tant au Sr Lieutenant Général de Police de notre Ville de Paris, qu'à notre Conseil de Commerce, il ne leur reste plus que d'être autorisés & confirmés par nos Lettres Patentes, qu'ils Nous ont très-humblement fait supplier de leur accorder : A ces Causes, voulant favo-

rablement traiter les Expofans, de l'avis de notre Confeil, qui a vû lefdits Statuts & Réglemens rédigés en
trente-neuf Articles, ci-attachés fous le contre-fcel de
notre Chancellerie, Nous les avons agréés & approu-
vés, confirmés & autorifés, & de notre grace fpéciale,
pleine puiffance & autorité royale, agréons & approu-
vons, confirmons & autorifons par ces Préfentes fignées de notre main; Voulons & Nous plaît qu'ils foient
exécutés felon leur forme & teneur, par ceux qui com-
pofent ou compoferont la Communauté defdits Amidonniers-Cretonniers, leurs fucceffeurs & tous autres,
fans qu'il y foit contrevenu en quelque forte & maniere que ce foit, fous les peines y portées; pourvû
toutefois qu'au contenu defdits Statuts, il n'y ait rien
de contraire aux Us & Coutumes des lieux, ni préju-
diciable à nos droits & à ceux d'autrui. SI DONNONS
EN MANDEMENT à nos amés & féaux Confeil-
lers les Gens tenant notre Cour de Parlement à Paris,
Prevôt de ladite Ville, ou fon Lieutenant Général de
Police, & à tous autres nos Officiers & Jufticiers qu'il
appartiendra, que ces Préfentes ils ayent à faire regif-
trer, & de leur contenu jouir & ufer les Expofans,
& ceux qui leur fuccederont en ladite Communauté,
pleinement, paifiblement & perpétuellement, ceffant
& faifant ceffer tous troubles & empêchemens con-
traires : CAR TEL EST NOTRE PLAISIR.
Et afin que ce foit chofe ferme & ftable à toujours,
Nous avons fait mettre notre fcel à cefdites Préfentes.
DONNÉ à Verfailles au mois de Mars l'an de grace
1744, & de notre Regne le 29e. *Signé*, LOUIS;
& fur le repli, par le Roy, *figné*, PHELIPPEAUX,

avec grille & paraphe. Visa, DAGUESSEAU, *pour* confirmation de Statuts aux Amidonniers & Cretonniers de la Ville & Faubourgs de Paris.

Regiſtrées, oui le Procureur Général du Roy, pour jouir par les Impétrans & ceux qui leur ſuccederont en la Communauté, de leur effet & contenu, & être exécutées ſelon leur forme & teneur, aux charges, clauſes, & conditions portées par l'Arrêt de ce jour. A Paris en Parlement, le douze Janvier mil ſept cent quarante-ſix. Contrôlé. Signé, DU FRANC, *avec paraphe.*

LOUIS PAR LA GRACE DE DIEU, ROY DE FRANCE ET DE NAVARRE, Au premier des Huiſſiers de notre Cour de Parlement, ou autre notre Huiſſier ou Sergent ſur ce requis; ſçavoir faiſons, qu'entre les Maîtres & Gardes des Marchands Epiciers, & Apoticaires-Epiciers de la Ville & Faubourgs de Paris, Demandeurs aux fins de l'exploit ſignifié à M. le Procureur Général le 15 Juin 1728, contenant oppoſition à l'enregiſtrement d'aucunes Lettres Patentes, Statuts, & autres Lettres que pourroit obtenir la Communauté des Amidonniers de Paris; & encore Demandeurs aux fins de la Requête du 19 May 1744, à ce qu'il leur ſoit donné acte de ce qu'après avoir eu communication & examiné les Statuts & Réglemens deſdits Amidonniers, Lettres Patentes ſur iceux, ils en conſentent à cet égard l'homologation & enregiſtrement deſdits Lettres & Statuts, à l'effet de quoi ils accordent par ladite Requête, mainlevée de l'oppoſition formée à leur Requête, entre les mains de M. le Procureur Général, par exploit du 15

Juin 1728 ; & attendu que lefdits Amidonniers-Cretonniers auroient dû , avant d'obtenir lefdits Statuts ,
& avant d'en demander l'homologation , les commu-
niquer aufdits Maîtres & Gardes du Corps des Marchands Epiciers , & Apoticaires-Epiciers de cette Ville
& Faubourgs de Paris ; & que par ce défaut de communication , ils ont donné lieu à des frais , les condamner aux dépens , & Défendeurs d'une part ; & les Amidonniers-Cretonniers de la Ville & Faubourgs de Paris, Défendeurs & Demandeurs aux fins de la Requête
& exploit du 24 Mars 1744, à ce qu'il foit ordonné
que lefdits Maîtres & Gardes du Corps des Marchands
Épiciers , & Apoticaires-Epiciers de cette Ville &
Faubourgs de Paris , feroient tenus de déduire & expliquer les prétendues caufes & moyens de l'oppofition
qui a été formée à leur Requête , par exploit fignifié
à M. le Procureur Général le 15 Juin 1728 , à l'enregiftrement d'aucunes Lettres Patentes , Statuts , &
autres Lettres que pourroit obtenir la Communauté
des Amidonniers de cette Ville de Paris ; finon & à
faute de ce faire , fans avoir égard à ladite oppofition ,
dont il fera fait main-levée pure & fimple , qu'il fera
paffé outre à l'homologation & enregiftrement defdits
Statuts & Réglemens defdits Amidonniers - Cretonniers , compofés de trente-neuf Articles , & des Lettres Patentes accordées fur iceux , pour être exécutés
felon leur forme & teneur, avec dommages , intérêts &
dépens ; & encore Demandeurs en Requête du 3ᵉ Juin
préfent mois , à ce qu'il leur foit donné aɛte de la déclaration faite par les Maîtres & Gardes du Corps des
Marchands Epiciers , & Apoticaires-Epiciers de cette

Ville & Faubourgs de Paris, par leur Requête signifiée
le 19 May 1744, & de ce qu'après avoir eu communication & examiné les Statuts & Réglemens desdits
Amidonniers - Cretonniers , & Lettres Patentes sur
iceux, ils en consentent à leur égard l'homologation
& l'enregistrement desdits Statuts & Lettres Patentes,
à l'effet de quoi ils accordent main-levée de l'opposition
formée à leur Requête, entre les mains de M. le Procureur Général, par exploit du 15 Juin 1718 ; en conséquence, qu'il soit fait main-levée de ladite opposition,
& ordonné qu'il sera passé outre à l'homologation & enregistrement desdits Statuts , & Lettres Patentes sur
iceux , sans avoir égard au surplus de la Requête
desdits Maîtres & Gardes du Corps des Marchands
Epiciers , & Apoticaires - Epiciers , dont ils seront
déboutés, les condamner aux dépens, sans préjudice de tous autres droits , d'autre part, & sans que
les qualités puissent nuire ni préjudicier. Après que
Poultier , Procureur des Maîtres & Gardes du Corps
des Maîtres Epiciers, & Apoticaires- Epiciers ; &
Robert Courville , Procureur des Amidonniers-Cretonniers , ont demandé la reception de l'appointement avisé contradictoirement au Parquet , paraphé
de le Febvre d'Ormesson , pour notre Procureur Général. NOTREDITE COUR ordonne que l'appointement sera reçû, & suivant icelui, donne acte du
consentement porté en la Requête des Parties de Poultier, du 19 May dernier; en conséquence, fait main-
levée de l'opposition formée à leur Requête, par exploit du 25 Juin 1728, & ordonne qu'il sera passé outre à l'homologation & à l'enregistrement des Statuts

de

des Parties de Robert de Courville, & des Lettres
Patentes obtenues fur iceux, fi faire fe doit, dépens
entre les Parties compenfés : te mandons mettre le pré-
fentArrêt à dûe exécution ; de ce faire te donnons pouvoir. DONNE' en notredite Cour de Parlement le
vingt-fept Juillet 1744, & de notre Regne le 29ᵉ.
Collationné. Signé, DE SANTEUL ; *& plus bas*, par la
Chambre , *figné*, DU FRANC, *avec paraphe*.

LOUIS PAR LA GRACE DE DIEU, ROY
DE FRANCE ET DE NAVARRE, au pre-
mier notre Huiffier ou autre fur ce requis ; fçavoir
faifons, qu'entre les Syndics, Gardes & Jurés en charge de la Communauté des Maîtres & Marchands Gantiers-Parfumeurs de la Ville de Paris, & la Communauté defdits Maîtres & Marchands Gantiers-Parfumeurs, demandeurs aux fins de l'acte fignifié à notre
Procureur Général le 2 May dernier, contenant oppofition à ce qu'il foit procédé à l'enregiftrement de toutes Lettres Patentes, portant établiffement de Maîtrife
des Amidonniers, & défendeurs d'une part ; & les
Amidonniers-Cretonniers de la Ville & Faubourgs
de Paris, défendeurs , & demandeurs en deux Requêtes & Exploits des 26 Mars & 5 Juin dernier ; la premiere , à ce qu'il foit ordonné que lefdits Gantiers-Parfumeurs feroient tenus de déduire & expliquer leurs
prétendues caufes & moyens de l'oppofition formée à
leur Requête, par Exploit fignifié à notre Procureur
Général le 2 Mars dernier ; finon & à faute de ce faire,
fans avoir égard à ladite oppofition, dont il feroit fait
main-levée pure & fimple, qu'il feroit paffé outre à
C

l'homologation & enregiſtrement des Statuts & Reglemens deſdits Amidonniers-Cretonniers, compoſés de
trente-neuf Articles, & des Lettres Patentes accordées
ſur iceux, pour être exécutés ſelon leur forme & teneur, avec dépens ; & la ſeconde, & attendu la communication qui a été faite auſdits Gantiers-Parfumeurs,
ſous le Récépiſſé de leur Procureur, des originaux deſdits Statuts & Reglemens, & Lettres Patentes accordées ſur iceux, & qu'ils ne peuvent avoir aucuns moyens
valables pour empêcher l'homologation & l'enregiſtrement deſdits Statuts, Reglemens & Lettres Patentes,
il ſoit fait main-levée de ladite oppoſition, & ordonné qu'il ſera paſſé outre à l'homologation & enregiſtrement deſdits Statuts, Reglemens & Lettres Patentes, avec dommages & intérêts en cas de conteſtation,
& dépens, ſans préjudice de tous autres droits, actions,
& prétentions, & ſans que les qualités puiſſent nuire
ni préjudicier. Après que de la Borde Avocat de la
Communauté des Maîtres & Marchands Gantiers, &
Pajon Avocat des Amidonniers, ont été ouis, enſemble
le Fevre d'Ormeſſon pour notre Procureur Général ;
NOTRE COUR, ſans s'arrêter à l'oppoſition formée
par les Parties de la Borde, dont elle fait main-levée,
ordonne qu'il ſera paſſé outre, ſi faire ſe doit, à l'enregiſtrement & homologation des Statuts & Reglemens, & Lettres Patentes obtenues ſur iceux par les
Parties de Pajon, tous dépens compenſés. MANDONS
mettre le preſent Arrêt à exécution ; de ce faire te donnons pouvoir. DONNE' en Parlement le 28 Novembre
1744, & de notre Regne le trentiéme. Collationné. *Signé*, ROBERT DUCREUX, avec paraphe. *Et*

plus bas, par la Chambre, *signé*, DU FRANC, avec paraphe.

LOUIS PAR LA GRACE DE DIEU, ROY DE FRANCE ET DE NAVARRE, au premier Huiſſier de nôtre Cour de Parlement, & autre nôtre Huiſſier ou Sergent ſur ce requis ; ſçavoir faiſons, qu'entre les Dames Prieure dépoſitaire & Religieuſes de notre Abbaye de Saint Antoine des Champs lez-Paris, autoriſées par Arrêt du Conſeil d'Etat du Roi, à la pourſuite des droits & actions de ladite Abbaye, demandreſſes aux fins de l'Exploit ſignifié à notre Procureur Général le 15 Avril dernier, contenant oppoſition à l'enregiſtrement des Statuts que les Amidonniers ont obtenus au Conſeil d'Etat du Roi, par leſquels il leur eſt permis de ſe faire mettre en corps, & de s'établir en Communauté ; en ce que par l'Article XXXII. des Statuts, il eſt fait défenſes à toutes perſonnes, de quelque qualité qu'elles puiſſent être, privilégiées ou non privilégiées, autres que leſdits Maîtres Amidonniers, de faire & fabriquer dans les Faubourgs, Banlieue & lieux privilégiés, des Amidons, à peine de confiſcation & de 1500 liv. d'amende ; ce qui eſt contraire aux franchiſes & priviléges accordés à ladite Abbaye par différentes Lettres Patentes de nos Rois, pour le Faubourg Saint Antoine à Paris, dont ladite Abbaye eſt Dame, & ſur la plus grande partie duquel elle a droit de mouvance & de cenſive, & par conſéquent droit & intérêt de s'oppoſer auſdits Statuts ; & encore demandreſſes aux fins de leurs défenſes ſignifiées le 25 Janvier dernier, à ce qu'où notred. Cour trouveroit à propos d'enregiſtrer les Lettres Patentes obtenues par lefdits Amidonniers-Cretonniers, que cette homologation ne fe faffe, qu'à la charge que l'Art. XXXII. defd. Statuts & Réglemens ne pourra nuire ni préjudicier aux priviléges de franchifes, dans lequel les ouvriers & gens de métier, faifant leur demeure dans l'étendue du Faubourg Saint Antoine, ont été confirmés par la Déclaration du Roi du mois de Février 1657; en cas de conteftation, condamner les conteftans aux dépens, & défendreffes d'une part; & les Amidonniers-Cretonniers de la Ville & Faubourgs de Paris, défendeurs, & demandeurs aux fins de la Requête & Exploit du 22 Juin 1744, à ce que lefdites Dames de Saint Antoine foient tenues de déduire & expliquer les caufes & moyens de leur fufdite oppofi-tion, juftifier de leurs titres; finon & à faute de ce, que fans avoir égard à ladite oppofition, dont il feroit fait main-levée pure & fimple, il feroit paffé outre à l'homologation & enregiftrement des Statuts & Régle-mens des Amidonniers-Cretonniers, & des Lettres Pa-tentes accordées fur iceux, pour être le tout exécuté felon fa forme & teneur, avec dépens; & encore de-mandeurs aux fins de la Requête du 30 Janvier 1745, à ce qu'il leur foit donné acte, de ce que pour éviter toutes conteftàtions, ils déclarent qu'ils acquiefcent aux conclufions portées par les défenfes defdites Dames Re-ligieufes, fignifiées le 25 dudit mois de Janvier, que lefdits Statuts, Réglemens & Lettres Patentes ne foient enregiftrés qu'à la charge que l'Article XXXII. def-dits Statuts & Réglemens ne pourra nuire ni préjudi-cier au privilége de franchife, dans lequel les ouvriers & gens de métier, faifant leur demeure dans l'étendue

du Faubourg Saint Antoine, ont été confirmés par la
Déclaration du Roi du mois de Février 1657, enre-
giftrée en notre Cour le 23 Avril, & au Châtelet le 14
May audit an 1657; en conféquence, ordonner qu'il
fera paffé outre audit enregiftrement & homologation
defdits Statuts, Réglemens & Lettres Patentes, avec
dépens d'autre part, fans que les qualités puiffent nuire
ni prejudicier. Après que Pliffon, Procureur des Religieufes de Saint Antoine, & Robert Courville, Procureur des Amidonniers-Cretonniers, ont demandé la
reception de l'appointement avifé contradictoirement
au Parquet, paraphé de le Févre d'Ormeffon pour notre Procureur Général : NOTREDITE COUR ordonne que l'appointement fera reçu ; & fuivant icelui,
donne acte aux Parties de Robert Courville de la déclaration portée par leur Requête, qu'ils confentent que
leurs Statuts & Réglemens, & les Lettres Patentes qui
leur ont été accordées fur iceux, ne foient enregiftrés
qu'à la charge qu'ils ne pourront nuire ni préjudicier
au privilége de franchife qui a été accordé pour les ouvriers & gens de métiers, faifant leur demeure dans
l'étendue du Faubourg Saint Antoine ; en conféquence,
fait main-levée de l'oppofition qui a été formée par les
Parties de Pliffon ; ordonne qu'il fera paffé outre, fi faire fe doit aufdites conditions, à l'enregiftrement & homologation defdits Statuts, Réglemens, & Lettres Patentes obtenues par lefdites Parties de Robert de Courville, tous dépens entre les Parties compenfés. Si MAN-
DONS mettre le prefent Arrêt à exécution. DONNE' en
notredite Cour de Parlement le 9 Mars 1745, & de
notre Regne le trentiéme. Collationné, *figné*, SANC-

CY, avec paraphe ; *& plus bas*, par la Chambre, *signé*, Du Franc, avec paraphe.

Extrait des Regiſtres de Parlement.

VU par la Cour les Lettres Patentes du Roi, données à Verſailles au mois de Mars 1744, ſignées, Louis ; & ſur le reply, par le Roi, Phelipeaux, & ſcellées du grand ſceau de cire jaune, obtenues par les Amidonniers-Cretonniers de Paris ; par leſquelles, pour les cauſes y contenues, le Seigneur Roi auroit agréé, approuvé, confirmé & autoriſé les Statuts & Régleglemens rédigés en trente-neuf Articles, attachés ſous le contre-ſcel deſdites Lettres, pour être exécutés ſelon leur forme & teneur, par ceux qui compoſent ou compoſeront la Communauté deſdits Amidonniers-Cretonniers, leurs ſucceſſeurs & tous autres, & ainſi qu'il eſt plus au long contenu èſdites Lettres Patentes à la Cour adreſſantes ; enſemble la Requête préſentée à la Cour par les Amidonniers-Cretonniers de la Ville & Faubourgs de Paris, à fin d'enregiſtrement deſdites Lettres Patentes & Statuts ; concluſions du Procureur Général du Roi, oui le rapport de Me Louis Simonnet Conſeiller, tout conſidéré. LA COUR, avant procéder à l'enregiſtrement deſdites Lettres Patentes, ordonne que leſdites Lettres Patentes & leſdits Statuts ſeront communiqués au Lieutenant Général de Police, & au Subſtitut du Procureur Général du Roi au Châtelet, pour donner leur avis ſur le contenu èſdites Lettres & Statuts, qui ſeront auſſi communiqués à tous les Maîtres compoſant la Communauté des Supplians, convoqués & aſſemblés en la maniere accoutumée, pour donner

tous leur confentement à l'enregiftrement & exécution
defdites Lettres Patentes & Statuts, ou y dire autrement ce qu'ils aviferont bon être; pour, le tout fait, rapporté & communiqué au Procureur Général du Roi ,
être par lui pris telles conclufions que de raifon , &
par la Cour ordonné ce qu'il appartiendra. Fait en Parlement le 26 Mars 1745. Collationné, *figné*, MICHE-
LIN. *Signé*, DU FRANC.

VU par nous Claude-Henri Feydeau de Marville,
Chevalier, Confeiller du Roi en fes Confeils ,
Maître des Requêtes ordinaire de fon Hôtel , Lieutenant Général de Police de la Ville, Prevôté & Vicom-
té de Paris ; & François Moreau , Chevalier, Confeiller du Roi en fes Confeils d'Etat & Privé , Honoraire
en fa Cour de Parlement , Grand-'Chambre d'icelle ,
Procureur de Sa Majefté audit Châtelet ; les Lettres
Patentes du Roi données à Verfailles le mois de Mars
1744 , fignées Louis, & fur le reply, par le Roi, Phelippeaux , & fcellées du grand fceau de cire verte ,
obtenues par les Amidonniers-Cretonniers à Paris ; les
Statuts & Réglemens attachés fous le contre-fcel defdites Lettres ; l'Arrêt de la Cour ci-après daté,& autres
pieces : pour fatisfaire à l'Arrêt de la Cour du 26 Mars
dernier, qui nous ordonne de donner notre avis fur
Lettres-Patentes obtenues par lefdits Amidonniers-
Cretonniers de cette Ville de Paris, qui les érigent en
Corps & Communauté, & confirment les Statuts par eux
préfentés au Confeil , & rédigés en trente-neuf Articles, fuivant lefquels, ladite Communauté doit être
régie & gouvernée ; Nous avons l'honneur d'obferver

à la Cour, que le commerce de l'Amidon eſt aſſez con-
ſidérable, & que ſa compoſition intéreſſe aſſez le Pu-
blic, pour y avoir une attention particuliere, & veiller
à ce qu'il n'y ait que des gens expérimentés, ſûrs & con-
nus, qui puiſſent le fabriquer, vendre & débiter. En effet, grand nombre de Corps & Communautés ſont obli-
gés d'en faire uſage dans la préparation & l'exploita-
tion de leurs marchandiſes ; c'eſt le cas dans lequel ſe
trouvent les Marchands Epiciers, les Confiſeurs, les
Gantiers-Parfumeurs, les Teinturiers du grand & bon
teint, les Chandeliers, & tant d'autres ; on ne ſçauroit
ſur-tout être trop circonſpect, relativement aux occa-
ſions dans leſquelles la matiere de l'Amidon peut entrer
dans le corps humain : de ces réflexions il réſulte qu'il
y auroit de grands inçonvéniens, & peut-être même
du danger, à laiſſer ſubſiſter plus long-temps la liberté,
juſqu'à lors tolérée à l'égard de toutes ſortes de perſonnes, de fabriquer, vendre & débiter l'Amidon ; d'ail-
leurs par l'examen que, ſuivant les Ordres de la Cour,
nous avons fait des Statuts & Réglemens revêtus de
Lettres Patentes, préſentés par les Amidonniers, nous
n'y avons rien remarqué de contraire au bon ordre, à
la police générale, ni aux droits & prérogatives
des autres Corps des Marchands & Communautés
d'Arts & Métiers établis dans cette Ville : nous aurons
cependant l'honneur d'obſerver à la Cour, que les Articles XIII. & XXXVIII. deſdits Statuts ne paroiſſent
pas s'expliquer d'une façon aſſez claire & aſſez préciſe
au ſujet de deux degrés de Juriſdiction établis au
Châtelet, par rapport aux conteſtations que les Corps
des Marchands & Communautés d'Arts & Métiers

peuvent

peuvent y apporter; il n'y eſt point parlé de la Chambre du Procureur du Roi, l'un de nous, devant lequel
il eſt des droits de ſa charge, ſuivant les anciennes Or-
donnances, & notamment l'Arrêt de la Cour du deux
Juin 1710, que les Marchands & Maîtres des Corps &
Communautés plaident dans de certains cas en premiere Inſtance, pour qu'il rende ſon jugement en forme
d'avis, ſauf aux Parties intéreſſées à ſe pourvoir, ſi elles jugent à propos, à la Chambre de Police, en confirmation ou infirmation dudit avis : il dépendra de la
prudence de la Cour, aux lumieres de laquelle rien
n'échape, de réformer cette omiſſion, en ordonnant,
ſi elle trouve convenable l'enregiſtrement deſdits Lettres Patentes & Statuts, d'ajouter au diſpoſitif de ſon
Arrêt cette reſerve : ſans préjudicier aux droits du Procureur du Roi, par rapport aux conteſtations qui ſe
doivent porter en premiere Inſtance devant lui, ſauf à
ſe pourvoir en la Chambre de Police en confirmation
ou infirmation de ſon avis.

Par ces conſidérations notre avis eſt, ſous le bon
plaiſir de la Cour, que leſdites Lettres Patentes & Statuts obtenus par les Amidonniers-Cretonniers de cette
Ville, peuvent être enregiſtrés pour être exécutés ſelon leur forme & teneur, ſuivant les obſervations que
nous avons pris la liberté de propoſer à la Cour. Fait le
31 Aouſt 1745. *Signé*, FEYDEAU DE MARVILLE, &
MOREAU, *en la minute.*

Délivré pour copie, ſur la minute étant ès mains de
notre Greffier de la Chambre Civile & de Police du Châ-
telet de Paris, ſouſſigné, le 4 Septembre 1745. Signé,
MENARD, *avec paraphe.*

D

Extrait des Regiſtres de Parlement.

VU par la Cour les Lettres Patentes du Roi, don-nées à Verſailles au mois de Mars 1744, ſignées Louis, & ſur le reply, par le Roi, Phelipeaux, & ſcellées en lacs de ſoie rouge & verte, du grand ſceau de cire verte, obtenues par les Amidonniers-Creton-niers de la Ville & Faubourgs de Paris ; par leſquelles, pour les cauſes y contenues, le Seigneur Roi auroit agréé, approuvé, confirmé & autoriſé les Statuts des Impétrans, rédigés en trente-neuf Articles, attachés ſous le contre-ſcel deſdites Lettres ; veut & lui plaît, qu'ils ſoient exécutés ſelon leur forme & teneur, par ceux qui compoſent ou compoſeront la Communauté deſdits Impétrans, leurs ſucceſſeurs & tous autres, ſans qu'il y ſoit contrevenu en quelque ſorte & manie-re que ce ſoit, ſous les peines y portées, pourvû tou-tefois qu'au contenu deſdits Statuts, il n'y ait rien de contraire aux Us & Coutumes des lieux, ni préju-diciable à ſes droits & à ceux d'autrui, ainſi qu'il eſt plus au long contenu èſdites Lettres Patentes à la Cour adreſſantes, ceſd. Statuts contenant trente-neuf Articles, ci-devant tranſcrits. Une oppoſition formée à l'enre-giſtrement deſdites Lettres Patentes & Statuts, à la re-quête des Maîtres & Gardes des Marchands Epiciers & Apoticaires-Epiciers de cette Ville de Paris, ſigni-fiée au Procureur Général du Roi, par exploit d'Au-guſtin Guillaume, Huiſſier de la Cour, du 15 Juin 1728. Une autre oppoſition à l'enregiſtrement deſd. Lettres Patentes, à la requête des ſieurs Gardes Jurés de la Communauté des Maîtres & Marchands Gantiers-Parfumeurs de cette Ville de Paris, ſignifiée au Procureur Général du Roi, par exploit de Jean Thoüin de la Grange, Huiſſier aux Requêtes du Palais, du 2 Mars 1744. Une autre oppoſition à l'enregiſtrement deſdits Statuts, à la requête des Prieure dépoſitaire & Religieuſes de l'Abbaye Royale de Saint Antoine des Champs lez-Paris, ſignifiée au Procureur Général du Roi, par exploit de Jean Lagrelette, Huiſſier à Verge au Châtelet de Paris, le quinze Avril 1744. Un Arrêt de la Cour du 27 Juillet audit an 1744, contradiƈtoirement rendu ſur appointement aviſé au Parquet, entre les Maîtres & Gardes du Corps des Marchands Epiciers, & Apoticaires-Epiciers de cette Ville & Faubourgs de Paris, Demandeurs aux fins de l'exploit ſignifié au Procureur Général du Roy le 15 Juin 1728, contenant oppoſition à l'enregiſtrement deſd. Lettres Patentes & Statuts, d'une part; & leſdits Amidonniers-Cretonniers de la Ville & Faubourgs de Paris, Impétrans, Défendeurs, & Demandeurs en enregiſtrement deſdits Lettres Patentes & Statuts, d'autre part; par lequel, après que Poultier, Procureur des Maîtres & Gardes du Corps des Marchands Epiciers, & Apoticaires-Epiciers; & Robert de Courville, Procureur des Impétrans, auroient demandé la reception de l'appointement aviſé contradiƈtoirement au Parquet, paraphé de le Fevre d'Ormeſſon, pour le Procureur Général du Roy, ladite Cour auroit ordonné que l'appointement feroit reçu, & fuivant icelui, donné aƈte du conſentement porté en la Requête des Parties de Poultier, du 19 May dernier; en conſéquence auroit fait main-levée des oppoſitions formées à leur Requête, par exploit du 15 Juin 1728,

& auroit ordonné qu'il feroit paffé outre à l'homologation & à l'enregiftrement des Statuts des Parties de Robert Courville, & des Lettres Patentes obtenues fur iceux, fi faire fe devoit, dépens entre les Parties compenfés. Un autre Arrêt de notre Cour du 28 Novembre 1744, contradiftoirement rendu entre les Syndics, Gardes, & Jurés en charge de la Communauté des Maîtres & Marchands Gantiers-Parfumeurs, Demandeurs aux fins de l'afte fignifié au Procureur Général du Roy le 2 Mars 1744, contenant oppofition à ce qu'il foit procédé à l'enregiftrement de toutes Lettres Patentes portant établiffement en Maîtrife des Amidonniers, & Défendeurs d'une part; & lefdits Amidonniers-Cretonniers, Impétrans, Défendeurs & Demandeurs d'autre part; par lequel, après que de la Borde, Avocat de la Communauté des Maîtres & Marchands Gantiers; & Pajon, Avocat des Amidonniers, ont été ouis, enfemble le Fevre d'Ormeffon, pour le Procureur Général du Roy, la Cour, fans s'arrêter à l'oppofition formée par les Parties de la Borde, dont elle auroit fait main-levée, auroit ordonné qu'il feroit paffé outre, fi faire fe devoit, à l'enregiftrement & homologation des Statuts & Réglemens, & Lettres Patentes obtenues fur iceux, par les Parties de Pajon, tous dépens compenfés. Un autre Arrêt de ladite Cour du 9 Mars 1745, contradiftoirement rendu fur appointement avifé au Parquet, entre les Prieure Dépofitaire & Religieufes de l'Abbaye de Saint Antoine des Champs lés-Paris, Demandreffes aux fins de l'exploit fignifié le 15 Avril audit an 1744, au Procureur Général du Roy, contenant oppofition à l'enregiftrement defdits Statuts, & Défendeurs d'une part ; & lefdits Amidonniers-Cretonniers, Défendeurs, & Demandeurs en enregiftrement defdits Lettres Patentes & Statuts, d'autre part ; par lequel, après que Pliffon, Procureur des Religieufes de Saint Antoine ; & Robert de Courville, Procureur des Amidonniers-Cretonniers, auroient demandé la reception de l'appointement avifé contradictoirement au Parquet, paraphé de le Fevre d'Ormeffon, pour le Procureur Général du Roy, la Cour auroit ordonné que l'appointement feroit reçû, & fuivant icelui, donné acte aux Parties de Robert Courville, de la déclaration portée par leur Requête, qu'ils confentoient que leurs Statuts & Réglemens, & les Lettres Patentes qui leur avoient été accordées fur iceux, ne foient enregiftrés qu'à la charge qu'ils ne pourroient nuire ni préjudicier au Privilége & Franchife qui avoient été accordés pour les ouvriers gens de métier faifant leur demeure dans l'étendue du Faubourg Saint Antoine ; en conféquence auroit fait main-levée de l'oppofition qui avoit été formée par les Parties de Pliffon, & ordonné qu'il feroit paffé outre, fi faire fe doit aufdites conditions, à l'enregiftrement & homologation defdits Statuts & Lettres Patentes obtenus par les Parties de Robert de Courville, tous dépéns entre les Parties compenfés ; lefdits Arrêts dûment fignifiés aux Procureurs des Parties adverfes defdits Impétrans, par exploit de Garnot, Filz, & Griveau, Huiffiers de la Cour, des 30 Juillet, 9 Décembre 1744, & 15 Mars 1745. Un autre Arrêt de la Cour du 26

Mars 1745, rendu fur les Conclufions du Procureur
Général du Roy; par lequel la Cour, avant procéder
à l'enregiftrement defd. Lettres Patentes, auroit ordonné qu'elles feroient communiquées, ainfi que lefd Statuts, au Lieutenant Général de Police, & au Subftitut du Procureur Général du Roy au Châtelet, pour
donner leur avis fur le contenu èfdits Lettres & Statuts,
qui feroient auffi communiqués à tous les Maîtres
compofans ladite Communauté des Supplians, convoqués & affemblés en la maniere accoutumêe, pour
donner tous leurs confentemens à l'enregiftrement &
exécution defdits Lettres Patentes & Statuts, ou dire
autrement ce qu'ils aviferoient bon être, pour, le tout
fait & rapporté & communiqué au Procureur Général du Roy, être par lui pris telles conclufions que
de raifon, & par la Cour être ordonné ce qu'il appar-
tiendroit. Un Procès verbal du Lieutenant Général
de Police & du Subftitut du Procureur Général du
Roy au Châtelet, du 31 Août 1745, contenant la
communication par eux prife defdits Lettres Patentes & Statuts, & leur avis, fous le bon plaifir de la
Cour, que lefd. Lettres Patentes & Statuts peuvent être
enregiftrés, pour être exécutés felon leur forme & teneur, fuivant les obfervations qu'ils auroient pris la
liberté de propofer à la Cour, d'ajouter au difpofitif
de fon Arrêt, la réferve de fans préjudicier aux droits
du Subftitut du Procureur Général du Roy, par rapport aux conteftations qui fe devoient porter en premiere Inftance devant lui, fauf à fe pourvoir en la
Chambre de Police, en confirmation ou infirmation

de son avis, pour les raisons énoncées audit Procès-verbal. Un acte du six Avril 1745, contenant la comparution par-devant Vatry & son Confrere, Notaires au Châtelet desdits Impétrans, assemblés après avoir été convoquès par billets ; lesquels après avoir pris communication desdites Lettres Patentes, & desdits Statuts & Réglemens, auroient déclaré qu'ils en consentoient l'enregistrement & exécution, suivant leur forme & teneür. Ensemble la Requête présentée à la Cour par lesdits Impétrans, à fin d'enregistrement desdites Lettres Patentes. Conclusions du Procureur Général du Roy ; oui le rapport de Me Louis-François Simonnet Conseiller : Tout considéré. LA COUR ordonne que lesdites Lettres Patentes & lesdits Statuts en trente-neuf Articles, attachés sous le contre-scel desdites Lettres, seront regiftrés au Greffe d'icelle, pour jouir par les Impétrans, & ceux qui leur succederont en ladite Communauté, de l'effet & contenu en iceux, & être exécutés selon leur forme & teneur ; & feront compris sous les termes de l'Article VIII. & XII. faisant mention des frais ordinaires de reception, les droits de l'Hôpital Général qui feront payés avant la reception de la Maîtrise, dont les Jurés demeureront responsables, sans approbation d'aucuns Maîtres ou lieux privilégiés ; comme aussi sans préjudicier aux droits du Substitut du Procureur Général du Roy, par rapport aux contestations qui se doivent porter en premiere Instance devant lui, sauf à se pourvoir en la Chambre de Police, en confirmation ou infirmation de son avis, & sauf l'appel en la Cour, du Lieutenant Général de

Police. Fait en Parlement le douze Janvier 1746.
Collationné. *Signé*, DE LAVAUD, avec paraphe. *Signé*,
DU FRANC, avec paraphe.

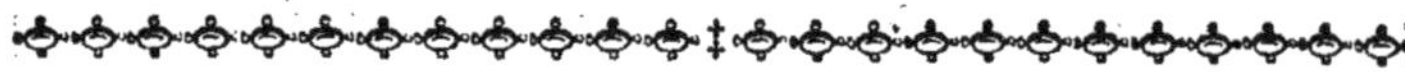

Les préfens Statuts ont été obtenus par les foins de
Meffieurs MONGEOIS, ROLLET, LACHAUX,
& HUGOT, premiers Jurés élûs; & de Meffieurs
MOULINET pere, ETIENNE VERON, & PORTEAU:

Et imprimez à la diligence de Meffieurs les Jurés.

www.ingramcontent.com/pod-product-compliance
Ingram Content Group UK Ltd.
Pitfield, Milton Keynes, MK11 3LW, UK
UKHW020125080726
13614UKWH00005B/2050